天山 詩選 148

배덕정 첫시집

수락골의 달

한기 10962
한웅기 5923
단기 4358
공기 2576
불기 2569
서기 2025

도서출판 天山

수락골의 달
배 덕 정 첫시집

```
    上元甲子
    8937
   +2025
   10962
    5923
    4358
    2576
    2569
    2025
```
도서 출판 天 山

〈시인의 말〉
첫 단 추
—— 배덕정 첫시집 『수락골의 달』

잔물결 일렁이는 망망대해
물길 내며 지나온 그 길
닿을듯 말듯 다시금 멀어지고
수없이 부서지는 파도와 맞서
바다 한가운데 홀로 둥둥
응결의 몸부림으로
고립을 키워왔던 긴 나날

무채색의 슴슴한 결과물을 들고
괜찮다 괜찮다
첫 단추를 끼워야
두 번째 단추도 끼울 수 있음을
스스로 격려하며
수필집 『붓질 20년』에 이어
첫 시집 『수락골의 달』을
용기 내어 세상에 내어놓는다.

<自 序>

詩라는 또 다른 관문에 입문할 수 있도록
길을 열어주신 申世薰 선생님
시창작반 인연으로 오랜 시간 함께
잘 지도해 주신 공광규 선생님
시라는 공통 분모로 많은 시간을 함께해 온
문우들과의 교실 풍경
오래도록 행복한 추억으로 저장될 것 같습니다.

『수락골의 달』 시집 해설로 달빛 더욱 환히 비춰주신
공광규 선생님께 고개 숙여 거듭 고맙다는 인사드린다.

2025. 10. 6. 추석절. 수락산 아래에서
배 덕 정

차 례 ——————————

배 덕 정 첫시집
수락골의 달

시인의 말/ 첫 단 추/ 배 덕 정/ 4

제1부/ 불암산 연가

그대 내게 청춘을 물어온다면/ 13
애 장 품/ 14
산 밤/ 15
쇠 솔 새/ 16
불암산 연가/ 17
그해 여름/ 18
살구꽃 담장을 허물다/ 19
담 쟁 이/ 20
딸과 명품백/ 21
자 라 섬/ 23
불 두 화/ 25
예산 용궁리 백송/ 26
조 롱 박/ 27
달빛 슬픔/ 28
기마인물형 토기/ 30
폭 설/ 31
닮 았 다/ 32
우 표/ 33
손 지 갑/ 34
꽃차 스토리텔링/ 35

배덕정 첫시집
수락골의 달

차 례

제2부/ 늙은 나무의 하루

혈 맥/ 39
팔 영 산/ 40
난 산/ 41
思惟의 뿌리를 붙들고/ 42
행 운 목/ 43
흑 염 소/ 44
서 리/ 45
늙은 나무의 하루/ 47
할미가 맞는데/ 48
소 나 무/ 50
솔향의 저녁밥상/ 51
엘리자베스 펜던트/ 53
외짝 귀걸이/ 54
초록마당이 있는 집/ 55
드론으로 본 바위/ 56
자귀나무꽃/ 57
데칼코마니/ 58
수락골의 달/ 59
홍 어/ 60
병 문 안/ 61

차 례 ─────────────

배 덕 정 첫시집
수락골의 달

제3부/ 풍 경

출 근 길/ 65
하얀 목련/ 66
활어회 한 접시 앞에 두고/ 67
욕 심/ 69
외 딴 방/ 70
선거 후보 유세/ 71
무전 여행/ 72
진 달 래/ 73
보이는 게 다가 아니었다/ 74
자 폐 증/ 75
각 질/ 76
파전을 부치다/ 77
붕 어 빵/ 78
풍 경/ 79
어머니 기일에 부쳐/ 80
2024년 봄을 여는 문학/ 81

배 덕 정 첫시집
수락골의 달 ———————————— 차 례

제4부/ 비대면에서 랜선으로

3대가 모이는 날/ 85
비대면에서 랜선으로/ 87
아버지의 해당화/ 89
엄마 아리랑/ 90
어머니의 금고/ 92
그 지관 밥값 제대로 했다/ 94
나비 한 마리/ 96
만무방길의 질경이/ 97
뿌리깊은 나무/ 98
웅　변/ 100
향 나 무 / 102
祭　器/ 103
출근길 소묘/ 104
한심한 자화상/ 105

차 례 ───────────────

배 덕 정 첫시집
수락골의 달

제5부/ 내 마음의 황금연못

내가면 고천리/ 109
눈 떠보니 종착역/ 111
빈　집/ 113
때죽나무꽃/ 114
남편과 털보숭이/ 115
할머니들의 외출/ 116
성게 미역국/ 117
엄마를 소환하다/ 119
피　망/ 120
꽃무늬 나팔바지/ 122
火中生蓮 ──'월정사' 휘호대회에서/ 123
각　서/ 124
무장애 숲길/ 125
노을이 물들기까지는/ 126
내 마음의 황금연못/ 127
가정 방문/ 129
내려놓는 연습/ 131
목욕탕에서/ 132

시집 해설/사물과 사건에 투영된 순정하고 진솔한 서정의 세계/**공 광 규**/ 134

제1부 ─ 불암산 연가

그대 내게 청춘을 물어온다면
애 장 품
산　　밤
쇠 솔 새
불암산 연가
그해 여름
살구꽃 담장을 허물다
담 쟁 이
딸과 명품백
자 라 섬
불 두 화
예산 용궁리 백송
조 롱 박
달빛 슬픔
기마인물형 토기
폭　　설
닮 았 다
우　　표
손 지 갑
꽃차 스토리텔링

그대 내게 청춘을 물어온다면

둘레길 통로에 갈참나무 몇 그루
시퍼런 톱날 비껴갔다

좌편향 우편향이었으면
목숨줄 위태했을 생
길을 내는 데 있어 분명
잘려나갔어야 할 나무에게
상생의 길을 열어놨다

내 생의 푸르른 날
좌편향 우편향도 아닌데
최루탄에 눈물 콧물로 방향 잃고
보지 말았어야 할
피비린내 나는 현장을 목도했다

태극기 뒤덮인
슬픈 죽음들과 맞닥뜨려야 했던
5·18 민주항쟁
내 청춘의 한 마디가 잘려나갔다고

애 장 품

고사 직전에 있는 매화나무 밑둥을
공부채에 몽당붓으로 그렸다

새끼손가락 지문으로 연지 찍어
매화 나뭇가지에 봄꽃이 군데군데 피었다
마시다 만 진한 커피에 붓을 담가
매화나무 밑둥에 칠하고
그 위에 골 깊은 세월을 얹는다

근사한 부채 한 점 완성됐다

카드 지갑 다음으로 열심히 챙겨 들고다니는
세필붓과 몽당붓
차를 마시다가도
틈만 나면 종이컵과 냅킨에 붓질을 한다

누군가 약속 시간 늦어져도
군말 없이 붓을 꺼내어 소소한 재미를 찾는
몽당붓과 세필붓은
시간과 잘 노는 나의 애장품

<제134회 '自由文學' 신인상 시부 2회 추천 완료작>

산　밤

주말농장을 하던 지인이
반질반질한 산밤 한 봉지와
가지 고추 땅콩
한 해의 결실을 들고왔다
까만 봉다리를 풀자
스멀스멀 기어나온 통통한 애벌레
나비 되어 훨훨 날아다니렴
선심 쓰듯 산밤 몇 톨 창밖으로 내던지고
가스 불에 올려놓은 산밤
돋보기로 신문 한 면 읽다
그만 냄비째 까맣게 타버렸다
송두리째 종량제 봉투에 털어넣었다

며칠 후 그 초보 농사꾼
까만 비닐봉다리 또 들고왔다
두 번째 까만 봉다리를 받고서야
달고 맛있어서 생으로 다 까서 먹었다며
밤꽃같은 하얀 거짓말을 했다

쇠 솔 새

집을 나서는데
흙 한 줌 없는 보도 블럭 위에
작고 앙증맞은 쇠솔새 한 마리
양 날개 접은 채 미동도 없다
사람 발길에 치일까
살짝 담장 옆으로 옮기려다
어미새가 잘 찾을 수 있도록
다시 그 자리에 놓았다

창밖에 비는 부슬부슬 내리고
사람 발길에 치이지는 않았을까
찍찍찍 어미 찾는
작고 앙증맞은 쇠솔새 한 마리
종일 나를 따라다녔다

<제133회 '自由文學' 신인상 시부 초회 추천작>

불암산 연가

잔설이 아직 남아있는 새해 첫날
숨차게 올랐던 산 정상
환희에 찬 붉은 해 두 팔 벌려 안아
송수권 님의 시 '새해 아침'을 낭독했다

렌즈에 서린 입김 때문에
안경 너머 살펴야 했다
신새벽을 여는 문장으로
불암산의 검푸른 기상도 함께 가슴에 안았다

딱따구리 동박새 청설모
가끔 민가로 출몰해 말썽부리는 멧돼지도
수풀 사이에 넣어 어우러져 살아가는
풀숲 이야기를 수시로 마음이 붓질을 했다

탤런트 최불암이 산지기인
천혜 절경 명산
실비단 하늘 이불 삼아 누워있는
큰어른 불암산

그해 여름

방둑이 사라진 실개천
검푸른 용 한 마리 세상을 삼키려는 듯
무섭게 달려들어
온 마을이 물바다가 되어버렸다

새 차를 인수한 지 한 달
운전대까지 물이 차오르고
아직 풀지 못한 신혼 부부의
이불 보따리 냉장고와 주방용품들이
주택가로 빠져나와 둥둥 떠다녔다

2차선 도로엔 고무보트 뱃사공이 등장하고
하늘엔 연신 헬리콥터가 뱅뱅 돌았다

집중호우 물폭탄
수도 전기 다 끊겨버린
회오리를 몰고 온 2002년 태풍 루사

물에 탱탱 불은 승용차는 분해되어
볕에 몸을 말리고
다시 완전체로 그해 여름을 달렸다

살구꽃, 담장을 허물다

흙먼지 이는 고샅길 들어서면
맨 먼저 들어오는 청기와집
꼰지발을 서고 들여다보면
늘 찬 겨울 같았던 정적

꽃 피는 봄날
허리 굽은 살구나무 함박웃음
담장 허물고 골목으로 나와
동네 사람들과 환하게
인사를 한다

<제134회 '自由文學' 신인상 시부 2회 추천 완료작>

담쟁이

출근길에 갱년기 닮은
붉은 담쟁이 이파리와 눈이 딱 마주쳤다

벌레 먹어 구멍 뻥뻥 뚫린
붉은 이파리 몇 잎 주워 들고 걸었다

뒤따라오던 누군가
- 역시 글을 쓰는 사람은 다르구먼유

뒤돌아보니 한 강의실에서
같이 공부하는 수강생 어르신

재개발로 들어선 아파트 사이
나 홀로 서 있는 단독주택

도시의 빌딩 사이로 틈새 비집고
푸르게 붉게 나이테를 담장에 얹는

벌레 먹어 더 정겹게 시선을 끄는
출근길에 만난 담쟁이

딸과 명품백

편한 백팩을 메고 집을 나섰다
둘러멘 백팩

운동하세요
건강검진하세요
식습관 체크하세요

백팩 속 수납공간
마치 딸이 입을 벌려 말을 하는 것 같다

명품 가방에서
이젠 기저귀가방을 더 많이 들어야 하는 딸

장롱 속에 잠자고 있는 명품백도
딸이 사온 것
그 백과 똑같은 백을
행사장에 들고나온 이가 있었다
오늘 안 들고 나오기를 참 잘했다
너도나도 똑같은 것은
참 거시기하다

가벼운 백에 현금 두둑한 게 최고라고 했던 내게

딸 없는 사람이 들으면
호강에 밥 말아먹는 소리 한다고 했던
그 명품백

자 라 섬

고향의 정취를 두루두루
눈에 가득 넣고 돌아오는 길
고동 따개비 무침에 인심을 마신다

- 이것이 술이여?
- 아니여!
- 술이 아니고 그라믄 뭣이여?
- 정이여!

일몰 배경이 된
몽돌해변 달빛펜션 잔디마당에서
밤 깊도록 별 하나 나 하나 별 둘 나 둘
밤이슬 맞으며
고향사투리 자잘한 웃음
까그르르 몽돌해변에 깔아놓고
폭죽 터트려 사그라든 불빛과 함께
잠자리에 들었다

거금도 해돋이 보겠다며
어둑발이 채 걷히지 않는 새벽녘
눈 비비며 길을 나섰다
한참을 걸어 마주한 일출

붉게만 보았던 태양
오늘은 핑크빛으로 성큼성큼 떠올랐다

한참을 주시하는데
나를 닮은 자라목 섬이 눈에 들어온다
늘 핸드폰 활자에 목을 빼는 것이 익숙해
어느새 자라목이 된
나를 닮은 자라섬

불 두 화

8월 한여름이 되면 담장 높은 그 집 장독대엔
아가 얼굴보다 더 탐스런 꽃몽우리가
고개를 내밀기 시작했다

싱그럽고 아름다운 자태
꼰지발을 서서 그 함박웃음을 보게 되는 날엔
나도 모르게 입가에 미소가 번졌다

대궐 같은 그 집은 언제나 문이 꽝 닫혀있었고
그래서 한때 더욱 궁금증을 자아냈던

매년 그때 그 자리에 피고지는 탐스런 불두화
주인은 가고 없어도
대문 활짝 열고 함박웃음 전염시키고 있다

예산 용궁리 백송

우리나라에 몇 그루 없다는 희귀송
천연기념물 제106호

사람도 나이 들면
몸에 각질 생기고 백발이 되듯
담회색으로 청춘 보내고
백발로 서 있는 저 백송

추사 선생의 고조할아버지
김흥경 시묘살이를 하고 있는 백송

추사 선생이 백송에 써내려간
一筆揮之
경이로움에 목례를 한다

조 롱 박

개울 건너 고갯마루쯤 다다르니
소똥냄새와 시간을 잔뜩 머금은
거름냄새가 물씬 풍긴
어느 시인의 집

원목식탁엔 그리움으로 붉어진
밤 대추 홍시 고구마
7첩 가을밥상이 우리를 기다리고 있다

고구마를 집어들다 눈에 들어온
노끈에 묶인 조롱박
고향집 초가지붕 풍경이 떠올라 반갑다

붓글을 쓰려고
조롱박 몇 개 얻어와
베란다 귀퉁이에 걸어둔 지 두어 달

게으른 붓은 하냥 잠을 자고
낮이면 햇살이 놀다가고
밤이면 눈썹 보름 그믐달이
조롱박에 밤마실을 다녀간다

달빛 슬픔

집을 며칠 비운 사이
꼭꼭 문이 닫혔던
우리 집도 숨이 막혔겠다
숨이 막혀 응급실행을 했던 주인처럼
집도 동맥경화에 시달렸겠다
창문을 훅 열어제꼈다

가을로 치닫는 밤공기 살갗을 스치운다
정원 옆 가로등에는 하루살이 불나방이 진을 치고
창문 넘어 상현달은 내 방을 기웃거린다
더블 침대가 오늘은 싱글 침대다

65년 지탱해 몸 수술대에 누워
털이란 털은 다 밀어내고
꼼짝없이 표본실의 청개구리 되어
온몸이 실험 대상이 된
남편에게 짧은 연서를 보낸다
케이크를 함께 자를 그대가 옆에 없다고
눈물 그렁그렁 썼다
- 오늘이라도 당장 집에 가고 싶습니다
라고 회신이 왔다

침대에 누워 어렴풋이 들어오는
달빛을 올려다보니
바쁜 일상에 뒤로 밀려나있던
그리움 회한 슬픔이 한꺼번에 몰려온다

*2023년 남편의 심장 수술을 앞두고.

기마인물형 토기

35년 전 어느 날 '파손 주의'라고 쓰인 상자를
주인집 아저씨께서 내게 건넸다
뽁뽁이로 정성 들여 포장한 기마인물형 토기

한 번도 장식장에 꺼내놓지 못하고
벽장 속에 넣어두었다 이사 다니면서
몇 군데 귀퉁이가 떨어져나갔다

경주 금령총에서 출토된
삼국시대의 기마인물형 토기
그댁 아저씨는 경주에서
신라 토기 재현품 판매점을
운영하다 사업을 접었다

그 후로 미아리고개 사랑방 어르신들과
허구한 날 동양화 공부를 하다
아내의 지청구에 늘 어깨가 처져있던 아저씨
지금쯤 어드메서
기마인물형 토기
저 말 탄 기상처럼 어깨 펴고 살고 계실까

폭　　설

눈이 펑펑 내리던 날
제설차 닿지 않은 골목길 찾아
염화칼슘을 뿌렸다

버려도 될 헌옷 찾아입고
쓰다 버린 양은냄비 물바가지 챙겨들고
배추밭에 비료 뿌리듯 눈밭에 설설 흩뿌렸다

– 작년에 왔던 각설이 죽지도 않고 또 왔네
각설이가 된 서로를 보며
동면에 들었던 웃음 일깨워
배꼽 빠지게 웃었다

닮 았 다

달큼한 레드향에 덤으로 따라온 까만콩
배보다 배꼽이 더 크겠다

엄마 운구차가 마을회관에 이르자
달려들어 펑펑 우시던 아랫집 아지매

레드향 주문하려고 통화하다
엄마 생각에 아지매도 나도 울고

고향에서 아지매가 보내온 선물보따리

하늘의 별이 된 울엄마의 인심과
참 많이도 따듯하게 닮았다

우 표

밤새 썼다 지우고 또 써내려가던 편지
고이 접어 봉투에 넣었다

새가 그려진 우표에 침 발라 붙여
우체통에 넣고 어디쯤 가고 있을까

콧노래 불렀던 시절 떠올라
추억 깃든 우표를 사려고 우체국에 갔다

새 그림 우표 몇 장 겨우 샀다
봄가을 나그네새 알락꼬리마도요

몽당연필로 쓰고 지우며 주고받던 편지
그 옛날 소싯적 추억이 떠올랐다

손 지 갑

결혼 30주년 선물로 받은 손지갑
그 손지갑이 입을 크게 여는 날이다

두 번째 맞이하는 외손녀의 날
2024년 5월 5일 어린이날

빳빳한 신권 찾아 손지갑 배를 불리니
손녀 만나기도 전에 할머니 배부르다

매번 입 열다 말고 하품만 하던
카드에게 밀려난 유명무실한 손지갑

오늘 제대로 크게 입을 벌리는
명품 손지갑이 되었다

꽃차 스토리텔링

은빛 아지랑이 일렁이는 수락골에
이른 봄 알리는 생강꽃
붉으레 달려드는 앞산 진달래
봄 단장하며 첫사랑으로 달려든다

하늘나라 먼저 간
꽃차 스토리텔링 작가 목련아씨
오늘은 어느 나라를 유람하며
봄맞이하고 있을까

꽃차 스토리텔링을 쓰고 있을까
지상에 설설 뿌린 꽃씨
하늘나라에서 수확하고 있을까

봄을 여는 합창 바람에 실어
지금쯤 어드메서 향기 벙글어지는
꽃차를 우려내고 있을까

제2부 ─ 늙은 나무의 하루

혈　맥
팔 영 산
난　　산
思惟의 뿌리를 붙들고
행 운 목
흑 염 소
서　　리
늙은 나무의 하루
할미가 맞는데
소 나 무
솔향의 저녁밥상
엘리자베스 펜던트
외짝 귀걸이
초록마당이 있는 집
드론으로 본 바위
자귀나무꽃
데칼코마니
수락골의 달
홍　　어
병 문 안

혈　　맥

호야 넌출에 서로 방향이 다른
너는 너대로 나는 나대로
각자의 색깔을 내고
살아가는
먼발치서 보면
꽃인 듯 이파리인 듯 베이지 핑크 연두
적당한 거리의 먼발치는 모두가 이쁘고 좋다
무결점이다

이들의 잎맥을 살피다
내 손등 혈맥을 내려다본다
잎맥처럼 뻗어나간 굵고 가는 심줄
조금이라도 생채기 내면 금방이라도
선홍빛 혈이 뚝뚝 떨어질 것 같은
잎맥도 혈맥도
살기 위해 잔가지 무성하다

팔 영 산

따스한 햇살이 내려앉는 날엔
부챗살 같은 바위가
나고 자란 유년의 집을 에워싸고
병풍으로 뭉게뭉게 다가오는 산

비 오고 눈 섞어친 날에도
검푸른 절개로 우뚝 서
우리 8남매 같던 크고 작은 봉우리

만 가지 소원을 암자의 부처님보다
더 많이 들었을 여덟 봉우리
고흥군 점암면 팔영산

난   산

흙 한 줌 없는 쑥섬마을 돌담
바람에 실려온 씨앗 한 톨
초록 몸 풀어 해산하느라
온몸 누렇다

思惟의 뿌리를 붙들고

기세등등 동장군의 쎈 바람소리
자동차 소음 뒤섞여 휘익 얼굴 훑으며
고층빌딩 허리 휘돌아나간다

온기 찾아 들어간 찻집
긴 패딩 의자에 걸쳐놓고
진한 에스프레소 커피 한잔에
다리 꼬고 부르다만 광화문 연가

느닷없는 치맛바람으로 모여
공자 맹자 들먹이며
미완의 시 한 편 들고 들어와

날이 새도록 엎치락뒤치락
한 글자 한 글자 뿌리내려
원고지에서 발아하는 중

행 운 목

알래스카로 친구가 이민을 떠나던 날
행운목 밑동에서 살짝 고개 내민
잔뿌리 성긴 행운목을
텅 빈 화분에 옮겨 심었다

- 그래 남 그늘에서만 살지 말고
- 너도 넓은 곳에서 잘 적응하며 살아봐
- 내 친구처럼 말이야

눈길 머물 때마다 친구 얼굴 떠오르는 행운목
혹여 추위에 얼어죽을까
불빛 무성한 거실로 들여놓았다

친구 떠난 지 어언 20여 년
행운목도 같은 나이를 먹었다

이민 간 친구는
거친 들판에서 콩나무가 되었고
거실로 들어온 행운목은
꽃대궁도 밀어 올리지 못하는 콩나물이 되었다

흑 염 소

마침내 손녀를 안아보고 돌아오는 길
흑염소 엑기스를 보냈다며
잘 챙겨 드시라는 지인의 문자가 떴다

살피재역에서 수락산역에 다다를 때까지
어미 잃은 흑염소 한 마리
음매음매 우는 환청이 들린다
환청만 들리는 게 아니라
순한 눈동자 내 눈에 아른거린다

34년 전
딸 산간을 하러 올라오셨던 어머니
염소가 혼자 새끼를 낳았을 거라며
말 못할 짐생 걱정 태산처럼 하시더니
산간을 하다 말고 드바삐 내려가셨다

텅빈 집에서
홀로 새끼 낳느라 신음했을 흑염소
엑기스 한 봉지 냉장고에서
꺼낼 때마다 음매애 음매애
엄마에 대한 서운한 마음이 사라졌다

서 리

가끔 마을언니들은
농장주의 땀방울을 서리해
우리 집 사랑채로 모여들었다

더듬더듬 수박 찾다
도깨비불 만났다며 혼비백산 줄달음쳤다던
짓궂은 언니들의 스릴 넘치는 밤

복숭아 서리를 하는 날엔
온몸이 뻘개지도록 털복숭아 알러지로
허벅지를 뜩뜩 긁었고
머리맡에 먹다버린 복숭아씨 때문에
복숭아 서리 들통나던 날

어머니는 보리쌀 한 됫박 들고
복숭아밭 주인에게 당장 가서
무릎 꿇고 빌라며 호통을 치셨다

우리 집 닭장 속 씨암탉도
저 언니들의 소행이라고
말하고픈 충동이 일었지만
입 꾹 다물고

복화술로
'엄마 우디집 씨암탉도 저 언니드디 잡아다 끄슬러 드렸대요.'

늙은 나무의 하루

골진 틈으로 자라난
이끼 사이로
수없이 드나들었을
시간의 빛
어둠 사르고
무수한
수런거림조차 잠재웠을
너
몸이 사위어가는 중에도
날마다 부활을 꿈꾸는
저 위대함
늙는다는 것은
함부로 흔들고
흔들리는 것이 아닌
새순 하나
잉태하는
하루를 사는 일

할미가 맞는데

남편 통원 치료차 병원에 다녀오던 날
입맛이 없어 샐러드와 빵을 샀다
약 처방전 봉지봉지 받아들고 나오니
양손이 부족하다
당분간은 남편의 손과 발이 되어야 할 터

샐러드와 빵이 들어있는 종이백을
어깨걸이 백에다 달아맨 채
우산을 받쳐들고 전철역으로 종종걸음 하는데
태풍 카눈 북상 중 신고식 요란하다
빗줄기가 우산살을 이리저리 마구 뒤흔든다

- 저기요! 할머니!
목을 잔뜩 움츠린 채 앞만 보고 뛰었다
누군가 내 가방을 끌어당겨 뒤돌아보니
할머니 빵 떨어졌어요!

태풍 카눈
내 뒷덜미를 여지없이 관통했나 보다
주섬주섬 빵을 주워들고
집으로 돌아오는 내내
- 할머니! 할머니! 할머니!   <

소스 뿌리고 빵을 한 입 먹으려는데
귓전에 맴도는
- 저기요! 할머니! 할머니!

소 나 무

심해 향해 서 있는
저 소나무를 보라
천길 벼랑에 뿌리내린
저 비대칭의 곡진한 생
새들 집 한 칸 내어주는
저 넉넉한 품을 보라

뽑힐 듯 뽑히지 않는
굳은 절개로 선 저 소나무에
새들 날개 푸드덕임은
난세에도
소나무가 뽕나무 되고
참나무 되지 않는
푸른 기품이 있어서일 게다

그러지 않고서는
저 등굽은 소나무에
새들이 둥지를 틀 리 없다

솔향의 저녁밥상

서예가협회 밴드에
목당 선생님의 운치 있는 그림이 올라왔다

- 선생님 지나시는 길에 된장 좀 퍼오세요
생뚱맞게 댓글을 썼다
다소 느리고 아날로그에 익숙할 법한
목당 선생님이 댓글을 보셨는지
오늘 똑똑 노크!
된장을 미니 항아리에 가득 담고
간장을 덤으로 가져오셨다

딸내미 혼사 때 축의금을 인편으로 받고
메시지로만 인사를 드렸을 뿐
별도로 인사를 못하고
연말이 되고 새해가 되고
예기치 못한 코로나 급습
한 번도 경험하지 못한 시간을 건너는 사이
최대한 만남을 꺼리다 보니
그동안 사람이 그리웠는지 무척 반가웠다

부자가 된 기분
항아리는 서실 냉장고에 넣고

된장을 조금 덜어와 봄나물을
된장 고추장 참기름 깨소금에 팍팍 무쳤다
엄마 손맛을 흉내냈다
양푼비빔밥으로 배부르게 먹었다
지금은 고인이 된
- 팍팍 무쳤냐! 개그맨 이주일 님의
대사와 엄마 손맛이 오버랩 되어
피식 웃다 눈물이 핑그르 도는
솔향의 저녁밥상!

엘리자베스 펜던트

중문학과 학우들끼리 매주 혜화동에서 스터디를 했다
동아리 이름은 百天
중국어로 된 소설을 번역하느라
백천 학우들의 가방엔 돋보기가 들어있기도 했다
자판기 커피에 정신을 일깨워가며 공부하던
학우들 정이 많이 들었다

졸업해도 잊지 말고 징표로 갖고 만날 때마다
목에 걸고 만나자 했던
금붙이 다섯 돈으로 만든 엘리자베스 영국 여왕
그 언젠가 한쪽 귀걸이를 잃어버려
외짝이 된 귀걸이를 함께 녹여
엘리자벳 펜던트 세트로 목걸이를 만들었다

결혼 20주년 때 목걸이를 선물 받은 후부터
그 열정의 징표는 추억을 간직한 채
보석함으로 들어갔다

가끔 목걸이를 꺼내 목에 걸면
정남 호순 혜정 영신 희옥…
설거지하면서도 중얼중얼 중국어를 하라시던
가슴 뜨거웠던 시절 선생님과 동문들 이름이
하나둘 목에 걸린다

외짝 귀걸이

자서전을 쓴다는 이의 일기를
컴퓨터에 옮기는 작업을 해주고
받은 수고비
무궁화 무늬가 새겨진 귀걸이를 샀다
한때 무궁화 귀걸이가 유행했다
머리로는
— 사람이 명품이라야지
하면서 때로는 나도 여자인데
하는 마음에 장만했던 금붙이
조카결혼식을 마치고 집에 돌아와
세수하다
그만 한 쪽 귀걸이
마당가 수챗구멍으로 들어가버렸다

초록마당이 있는 집

입하지절이 오면
봄은 늘 마당에 초록양탄자를 깔아놓았다
포두면 송산리 233번지
어머니의 바지런한 손은
뾰죽뾰죽 잔디 사이 비집고 나온
잡풀을 수시로 뽑아내곤 하셨다
우물가를 가려면
껑충껑충 징검돌을 밟고 다녔던 초록마당
그 초록마당 잡풀들
이제 저들 세상 되겠다
마당은 눈치 볼 필요 없는
들고양이들의 운동장이 되어가고
바지랑대 홀로 우두커니 서 있는
적막이 세 들어 살고 있는

드론으로 본 바위

드론이 하늘을 날자
드론 닮은 새떼들이 떼 지어 비행을 한다

이들을 잘 피해야 한다 그렇지 않으면
드론은 날개를 잃는다

산 정상 휘돌다 곳곳에 드리워진 기암절벽
작은 화면 속으로 속속 들어온다

크고 작은 바위 돌부처처럼 우직하게 앉아
지상을 내려다보고 있다 마치 노원의 어른처럼

치마바위 기차바위 철모 배낭 원숭이 물개 고래
곳곳에 각각의 이름으로 불리어진 바위

드론이 내려다본 수락산의 큰 어르신들
세세 천년 사계절 품어 안고

밭은기침 한 번 없이
있는 듯 없는 듯 조용히 내려다보고 있다

자귀나무꽃

날 밝으니 살포시 기지개 펴 방실 웃다
날 저물면 나래 접어 풋풋한 입맞춤

짝 찾는 공작 날갯짓처럼 우아한 자태
기품 있어 더 마음 사로잡는 자귀나무꽃

포도알 영글어가는 7월
고향집 골목어귀 다다르니

오호라!
처마 끝 닿을듯 말듯 성큼 자란 자귀나무

사람 소리 끊긴 적막한 빈집
벌 나비 불러 모은 자귀나무꽃

한여름 땡볕에
마을 무도회를 열고 있다

데칼코마니

물안개 피어오르는 두물 목 지나
속초 바닷가 뱃머리에 다다르니
낮게 깔린 양떼구름이 유람선을 탄다

고개 들어 사방 둘러보니
벼랑 끝 고사목에 재두루미 한 마리
미동도 없이 날개 고이 접어 오수를 즐기고

억새풀은 서리 맞은 가을을 서둘러
색칠하다 산과 함께 그만
통째로 바다에 빠져버렸다

<제134회 '自由文學' 신인상 시부 2회 추천 완료작>

수락골의 달

지상의 불이 하나둘 꺼지자
둥근 달이 방시레 웃으며 나타났다
기린목 되어 올려다본
저 수락골의 달

1백 년만의 가장 선명하다는
달의 움직임을 봤다

모두가 잠든 시간
잠 못 들고 올려다본

달이 서서히 하강한다
달도 차면 기울고
붉은 혈이 멈춘
내 시간도 기운다

<제134회 '自由文學' 신인상 시부 2회 추천 완료작>

홍　어

목포 홍탁집에 들어서자
홍어 특유의 냄새가 와락 달려들었다
잽싸게 웃옷을 벗어 비닐에 꾹꾹 쌌다

홍어 삼합에 애탕 한 그릇을 주문했다
식탁을 마주하고 앉은 일행 중 누군가
애탕 맛이 기가 막히다고 했다

흐늘흐늘한 애탕이 나왔다
숟가락을 들었다 놨다 하다
한 숟갈 넣는 순간
코끝에서 연기가 푸울 났다
그럼에도 나도 모르게 자꾸만 손이 갔다

늦은 귀갓길
숨을 내쉴 때마다
잘 삭힌 홍어 한 마리 환생
1호선 지하철 한 칸을 온통 휘젓고 다녔다

<제133회 '自由文學' 신인상 초회 추천작>

병 문 안

재채기라도 할라치면
물 한 모금 목축이려면
삐이삐이

핏기 없는 환자의
동공이 풀리는 시간
81년 영구 임대로 산
그의 한 생애

이 시간의 간절함은
물 한 모금 목 축이고
들숨 날숨
짧은 호흡이었음을

집에 돌아와
가스렌지에 달걀을 삶는다
삐이삐이
시뻘건 숫자가 삐이삐이

제3부 ──────────────── 풍　경

출 근 길
하얀 목련
활어회 한 접시 앞에 두고
욕　　심
외 딴 방
선거 후보 유세
무전 여행
진 달 래
보이는 게 다가 아니었다
자 폐 증
각　　질
파전을 부치다
붕 어 빵
풍　　경
어머니 기일에 부쳐
2024년 봄을 여는 문학

출 근 길

손녀를 등원시키고 역방향으로 돌아오는 길
허리가 아작 날 뻔했다
허리를 지탱해 준 건
순전히 중앙청 뱃살이었다
앞으로 울룩 뒤로 불룩 앞뒤로 울룩불룩
나잇살로 전신갑주 두르고
철면피로 살아오다
오늘 알았다 나잇살의 고마움을

어느 젊은이는 뒤돌아서서
양쪽 문 붙잡고 엉덩이부터 들이밀고 들어선다
철면피 그딴 거 생각 안 해도 된다
뒤엉킨 승객들 동시에 허리 굴절되고
뒤돌아서서 사정없이 들이밀고 들어오던
그 젊은이의 엉덩이가
내 자식들로 보여 푸움하다
영끌을 해 회사 앞으로 이사해야 한다
힘주어 말하던 아이들의 서울살이
무거운 돌덩이 하나 가슴을 짓누른다

하얀 목련

핸드폰에 신호음이 뜬다
근거리에 주소지를 둔 이웃

'심정지 환자 의식 무
 출동지령 일시
 2019년 4월 9일 8시 10분'

걸음보다 심장이 앞서 내질러 뛴다

아파트 정원의 키 큰 나무에
백색 조등 일제히 내걸렸다

활어회 한 접시 앞에 두고

거리는 부산했다
공주밤 만 원 만 원!
알밤 한 봉지와
방금까지 살아 퍼덕이던
활어회 한 접시도
장바구니에 넣었다

줄지어 서던 맛집이
문을 닫았다
냉기 가득한 그집
사방을 둘러봐도 그집의 안부는
묵묵부답이다

방금 전
소독을 분사하고 지나가던
한 사내가 겹쳐
걸음아 나 살려라
뒤돌아선 걸음

손을 빠득빠득 문질렀다
자기 밥그릇 챙기기에 열심인
혹여 소문날까 입다문 이웃   <

제 몸의 살을 다 도려내도
가쁜 숨 몰아쉬던
활어회 한 접시 앞에 놓고
그 집의 안녕을 빌어본다

욕   심

한밤중
낡고 오래된
나처럼 늙은 냉장고
주인 닮아
밤새 시끄럽다

나는
밤을 요리하느라 시끄럽고
냉장고는
밤새 고요를 요리하느라 시끄럽다

욕심으로 가득한 날것들의 부대낌
냉장고도 나도 식탐으로 소화불량이다

외 딴 방

작설차 한 잔 우려내
북창을 마주하고
외딴방에
가부좌 틀어
함께 마주할 이 찾으니
아서라 마러라
찻잎이 말을 걸어온다
회오리바람에는
납짝 엎드려 있는 게
상책이라고
찻잎도 안으로 돌돌 말아
바짝 움츠렸다고

선거 후보 유세

돌고래·고등어·멸치가 각축전을 벌인다
서로 자기가 어장 관리에 최고라고
날렵한 멸치 우르르 떼로 몰려드는 사이
고등어·꼴뚜기도 편승해 각축전
지나가던 코로나도 귀를 쫑긋

고등 동물 돌고래
— 입 한 번 벌리면 한 입 거리도 안 되는 것들이
자신만만 행동대장

래퍼가 속사포로 내지르는 가사도
알아듣지 못하는
그 여자는
오늘도
멸치·꼴뚜기·고등어·돌고래가
도무지 무슨 말을 하는지 몰라
정말 몰라
핸드폰 켜 번역키를 누른다

무전 여행

- 카드를 한 장만 대 주세요
- 카드를 다시 대 주세요
- 환승입니다

신용 카드
직불 카드
교통 카드
포인트 카드
돌려막기 카드

바코드에 찍힌 내 현주소

진 달 래

산비탈 지천으로 핀 봄꽃
화촉 밝히느라 자갈자갈
날 저물도록 환하다
새색시 집시치마 같던
그 봄꽃
산돌림 지나간 뒤
너도나도 고개 숙였다
한 번의 예술로
다소곳하게 고개 숙인 봄꽃
구름휘장 걷어낸 낮달
부러움에 입가웃음 번진다

보이는 게 다가 아니었다

- 검은 머리 파뿌리 되도록
- 서로 아끼고 사랑하겠습니까

파뿌리가 다 되었다
돋보기로 신문을 읽는다

오늘은 맘먹고
머리를 싹둑 잘랐다

보이는 게 다가 아니었다
거울에 비친 뒤통수 듬성듬성 백발이다

- 검은 머리 파뿌리 되도록 아끼고 사랑하셨습니까

측은한 주름살로 돌아오는 답

- 갑자기 왜 그러십니까
- 살아보니 고거이 참 쉽지 않더라는

자폐증

글을 쓴다는 건
입에서 단내가 나도록 시간을 곱씹는 일

가뭄에 우물을 파고
진부한 언어를 비집고

내면 깊숙한 물을 길어올리는
자폐증 같은 고독을 만드는 일

가난한 언어에 살을 붙이느라
이 밤도 자폐증 앓는 하얀 시간

시방 자폐증을 위로하느라
창밖에 봄비 부시럭부시럭

각　질

　그 언젠가부터 터줏대감이 되어버린, 지상의 많고 많은 일들에 참견하느라 고생 그 순진무구한 발바닥의 능선은 온데간데없고 골 깊은 각질로 비집고 들어앉았다. 떼려야 뗄 수 없는 여당, 야당이 자리다툼을 하고 있다.
　부드러운 것에 딱딱하게 고개 쳐드는 저 철면피, 침묵으로도 부드러운 살성을 파고들고마는 저 소리 없는 영역 다툼.

파전을 부치다

묽디묽은 반죽을 팬에 두른다
잘 다듬은 자잘한 쪽파

가지런히 일렬 종대로 줄 세우고
해산물 한 줌 설설 뿌린다
뒤집기 두어 번
노릇노릇 구워내는 데 성공했다

건배사 없는 설중매 한 잔 목으로 넘기고
손등만큼 두꺼운 파전 한 입 식감이 푸석하다
술잔 속 낯선 여인 나인 듯 아닌 듯

— 아이고 할매요,
— 무신 튀김가루를 밀가루로 알고 이케 많이 넣었노
— 이러다가 머잖아 할배도 몬 알아보는 거 아잉교?

붕어빵

아들·딸 혼삿날은 으레 부모들의 동창회
반가움 잔에 채워
그동안 자식 잘 키워
출가시키느라 수고했노라
술잔 들어 축배를 한다

- 어이! 자네 엄마랑 똑같네

술잔 속에 비친 넙데데한 얼굴에
비집고 들어앉은 주근깨 검버섯
이팔청춘 흘러흘러
내 얼굴에 적막한 엄마 있다

풍   경

왕거미가 세를 든
쓸쓸한 농가에
제 밥그릇도 못 챙겨
터줏대감이 먹다 남은 밥그릇
힐끔힐끔
눈칫밥 먹는 귀양 간 고양이와
들고양이들의 영역 다툼이
집 모퉁이에서 일어나고

호미질 써레질
신토불이 아리랑으로
고향 지키는 농부
우물가에서 등목을 한다

이방인의 뻘쭘함 닮은
좀처럼 문을 열 것 같지 않은
녹슨 철대문이 이집 저집에서
긴 하품을 하고 있다

어머니 기일에 부쳐

신용산역 센트럴파크 37층
하늘과 맞닿은 고층 빌딩에서
세 자매와 제부
와인 세 병에 소주 한 병 각 1병으로
시간 가는 줄 모르고
어둠을 살라 먹습니다

하늘나라로 입택한 어머니
추모하기 위해 만난 세 딸들보다
제부의 장모님 사랑은
잘 익은 피자두처럼 마음이 붉습니다

텁텁한 막걸리 한 잔 산소에 부어놓고오자던 세 딸들보다
제부의 행동 반경은 벌써 어머니 산소에 맞닿아
어머니와 교감하고 있는 듯 합니다

장대비 철철 내리고
문중산 오동꽃도 슬피 울던 그날
한 줌 재 따듯한 온기 식지 말라고
장대비도 눈물 뚝! 했던
그날을 회상합니다

2024년 봄을 여는 문학

(사)한국편지가족 서울 지회에
모 시인을 강사로 모셨다
서울의 중심 광화문 우체국 10층
언어의 연금술사 입에서
달콤쌉싸름한 봄이 성큼성큼 걸어나오고
무논의 개구리 울음소리도 들린다

평상 위에 둥근 밥상 차려지고
풋고추 된장에
어머니 손등의 주름살 닮은
시래기 팍팍 무쳐 끓여낸 된장국
벌컥벌컥 그리움 한 사발 마신다

뻐꾹새 탁란 시작하는
고향 5월로 날아간다
또배감나무 그늘아래
곤방대 물고있던 아버지
낭자머리에 비녀꽂은 엄마 베짜는 모습
하얀 도화지에 그리다
보고픔만 두 배로 부풀려
다시 광화문으로 공간 이동을 했다

고독한 사유로 빚어지는
한 장의 그림 같은 시에
풀어내도 풀어내도 더 짙어만 가는 그리움
좁혀지지 않은 그 그리움으로
글의 행간만 늘리다
특강으로 모셨던 시인님 말씀

- 여러분 각방을 쓰라고요 각방!
- 각방 안 쓰면 글이 나오냐고요!

제4부 ──────────────── 비대면에서 랜선으로

3대가 모이는 날
비대면에서 랜선으로
아버지의 해당화
엄마 아리랑
어머니의 금고
그 지관 밥값 제대로 했다
나비 한 마리
만무방길의 질경이
뿌리깊은 나무
웅　변
향　나　무
祭　　器
출근길 소묘
한심한 자화상

3대가 모이는 날

올망졸망 8남매
한여름 하지감자 달려 나오듯
줄줄이 자식들 데불고
고향집에 하나둘 모여들었다

화장이란 걸 모르던 어머니
까칠한 손 들킬세라
막내딸이 사다준 로션 잔뜩 발랐는지
손에서 상큼한 알로에 향이 났다

손주들 거느린 8남매를 보자
장독대 옆 흐드러지게 핀 밥티꽃보다
더 환했다

지붕 타고 올라간 박넝쿨엔
보름달이 뒹굴고
모퉁이 가마솥에선
포실포실 하지감자 익는 냄새에
손자들 입 벙글어졌다

사랑채 옆 채마밭에
긴 장마에 웃자란 장다리꽃

동촌댁 3대 도란도란 이야기꽃에
귀 기울이고 있었다

비대면에서 랜선으로

까마득 효를 잊은 자식들에게
요양원에서 랜선으로 라이브 생방송을 했다

- 해도해도 첨 봤다. 전화 한 통 없다냐.
- 필요 없다 필요 없어, 다 필요 없어!
- 언제 오끄이다냐 보고 싶어 죽것다.
- 엄마 배고파 밥 줘! 밥 안 줘요?
여기저기서 볼멘소리, 절규 뒤섞인다
6층 환자들도
랜선으로 참여하는 자식들도 눈물바다
엄마 차례가 오자,
복지사 손을 꼬옥 잡고
- 오마오마 성상님 아짐찬허요.
어눌한 그 한마디로
자식 이름 한번 못 불러보고
엄마가 화면 속에서 순식간에 사라졌다.
나는 잽싸게 댓글로
- 엄마, 막둥이 이름 한번 불러주세요.
라고 썼다.
다시 엄마가 화면에 나타났다.
복지사가
- 지금 자제분들이 다 보고 계세요.

― 막둥이 이름 한번 불러주세요.
― 막둥이 이름이 뭐예요?
― 우리 막둥이가 막둥이제.
막둥이란 말에
생기 없고 까칠해진 몸피에
밀어올린 엔돌핀이 허공을 돈다
카메라맨을 막둥이로 착각
― 언제 그렇게 커부럿는가,
― 내 강아지여! 내 사람아!
어쩌면 마지막일지도 모를 엄마의 회한
복지사가 손 흔들며
― 새해 복 많이 받아라, 해보세요. 하니
간호사님 옆구리를 살짝 찔벅이며
― 오매오매 성상님, 우째 그렇게 이쁜 소리만 하시까요.
나도 막둥이도
흩어져 사는 팔도의 피붙이들도 입을 다물었다

엄마가 화면에서 사라지자
문을 박차고 나왔다
먹구름휘장 두른 묵화 한 점
지팡이 짚고 능선 너머로
가쁜 숨 몰아쉬며 넘어간다
3·8선만큼 삼엄한 엄마와의 경계
잡힐 듯 잡히지 않는 모정의 끄나풀이
실낱같은 희망으로 기다란 목을 빼고
다시 간절을 꿈꾸는 2022년 여름날

아버지의 해당화

담쟁이넝쿨 감아올린 시골집 담장에
그 옛날 아버지가 심어놓은 꽃 해당화
화사한 연분홍 꽃향기
구수한 된장국에 희석되어
평상에 둘러앉은 식구들
둥근 밥상에 오르곤 했다

90년 세월 훨씬 넘긴 아버지의 꽃나무
뿌리채 고사된 줄 알았던
해당화 줄기 하나 외롭게 올라와
여덟 송이 꽃을 달고 있다

고독했을 아버지의 삶
기억조차 희미해진 아버지의 냄새를
흠흠 맡으며 가슴에 담았다

엄마 아리랑

네모 칸 공책에
매직으로 써 내려간 전화번호부
번호로 매겨진 8남매
1 2 3… 짚어가며
어머니는 자식들의 안부를 물었다
이웃집 여옥이엄마 쓰러졌을 때
119도 부를 줄 아는 엄마

엄마의 큰딸을 차디찬 땅에 묻고 오던 날
딸들이 큰언니 유품을 정리하러 간 사이
나는 정신이 혼미한
엄마의 아리랑을 더듬기로 했다
지나간 달력을 뜯어 매직으로
엄마 이름을 크게 썼다
한참 이름을 따라 쓰다가
— 갈 날이 다 됐는디 인자 배워서 워따 쓰게?

가슴에 맺힌 한을 못 들은 척
아주 잘한다고 칭찬을 해드렸다
엄마가 잠시 웃음을 되찾았다
— 아침에 우는 새는 배가 고파 울고요
— 저녁에 우는 새는 님 그리워 울지

＜
갑자기 엄마의 노랫가락이 흘러나왔다
옆에 있던 핸드폰에 엄마의 노래를 저장했다

내게 남은 엄마의 유품은
실을 잣던 물레·베틀·다듬잇돌·호밋자루가 아닌
그리울 때 보고플 때 꺼내 듣는
잡힐 듯 잡히지 않는 엄마의 아리랑이어라

어머니의 금고

돈이란 놈은 오만가지 이유를 대고
어머니 전대에서 성큼성큼 걸어나갔다
어머니 전대는 늘 홀랑했다

청상의 틀니가 까그르 부딪치는 설운 소리를 듣고서야
후두둑 관절 부딪치는 소리를 듣고서야
자식들이 허리춤에 질러준 용돈으로
어머니 전대가 체면을 세웠다

읍내 짜장면 가게를 지나도 끝내 풀지 않던 전대
어느 날엔가 사라졌다
노잣돈으로 가져간 것일까
어머니의 유품을 정리하다 비밀 금고를
넘보고서야 알았다

70년 사용한 노구에 철심 박으려고
어느 해 가을 발행한 수표
자식들이 바지춤에 찔러준 용돈이
주인을 잃은 채 울먹이고 있었다
출처 불분명한 손때 묻은 지폐 또한
노구의 등짝처럼 바짝 붙어 세월을 건너고 있었다

어머니의 금고는 양은 냄비였다
자글자글 끓는 냄비 속에서
어머니의 체면이 발효를 꿈꾸고 있었다

*2018.4.12. 까만 비닐 봉지에 돌돌 말아 찬장 양은 냄비에 넣어둔 고인의 금고를 발견하고.

<제133회 '自由文學' 신인상 시부 초회 추천작>

그 지관 밥값 제대로 했다

풍수지리에 능하다는 지관 스님을
오라버니가 모셔왔다

윤달이 들어있는 어느 해에
아버지 산소를 이장하기로 했다

스님은 후손들에게 富 名譽 健康
세 가지 중 어느 것을 갖고 가겠느냐 묻자
나도 모르게 富! 입속말을 했고
오라버니는 단연코 名譽라 했다

그때 나는 고등학생이었다
어린 것이 벌써 돈을 알았나 싶어
멋쩍게 웃었다

지관 스님은 앞이 훤히 트인 산자락 이장터가
문장가 문필가 명예가 이어질 명당이라며
산세를 짚어 조곤조곤 설명을 해주었다

그럼 우리 가문에
누가 문장가? 또 문필가는 누구?
이러다

까마득히 잊고 산 세월
흘러흘러 강산이 네 번 바뀌었다

지관이 말한 명당의 후손들
서넛 문장가 문필가 흉내를 내고
선생 교수 대기업 상무 판사…등

그 지관 스님 밥값 제대로 했다

나비 한 마리

장닭 홰치는 소리 들으며
엄마는 꽃무늬 몸빼바지에 호밋자루 들고
밭에 나가 이슬 털어 북감재 밭을 맨다
엄마의 작은 체구 보일 듯 말 듯

시간 버느라
종일 하늘도 올려다볼 줄 모르시던
이승을 등지고서야 비로소
꽃무늬 몸빼바지 벗어놓고
분신 같던 호밋자루 내려놓으셨다

회관에 모여든 마을 사람들
하얀 손 흔들어 마지막 인사 주고받으며
녹음 짙은 5월에
문중 산으로 가시던 날

마루끝 기둥못에 걸쳐놓은
엄마 꽃무늬 몸빼바지에
호랑나비 한 마리 너울너울

<제133회 '自由文學' 신인상 시부 초회 추천작>

만무방길의 질경이

질경이씨로 기름을 짜면
그리운 이 얼굴이 보인다는
숲 해설사의 옛날이야기를 듣고
무심히 지나쳤던 질경이를
찬찬히 들여다 았다

김유정 문학촌 만무방길의 질경이
어머니가 자주 쓰던 말 패롭디패롭게
척박한 땅에서 흙먼지를 덮어쓰고 있었다

세월 보내고 나면
점점이 박힌 질경이씨로 기름을 짜면
날이 갈수록 커지는 보고픔 그리움
사그라들까?

뿌리깊은 나무

오라버니는 글을 쓸 때마다
정좌하고 마음을 가다듬어 붓을 들었다
마음의 잡다한 때 벗겨내고
오로지 우리 글의 매력에 빠져 살아온 지 십수 년
우리 것을 귀히 여기고 중시하는
언제나 깍듯한 예가 몸에 밴
선비 중의 선비
그런 선비가 어느 날
노발대발 큰 소리를 냈다
손주를 돌보던 언니 체력이 버거워
힘들어하는 모습을 보고
- 밥풀때기 바닥에 떨어지면 주워 맥이고
경상도 사투리 심하게 사용하면
서운하다 소리 않고 바로 데려갈 거라며
시누이들이 우스갯소리를 했다
- 많지도 않은 손주 하나 돌보지 못하느냐
- 사랑이 부족한 거라며 크게 호통을 치셨다
시누이들은 그만 동시에 입을 꾸욱 다물었다

언니의 손주 돌보기는 계속 되었다
- 하늘천 따지 검을현 누루황 집우 집주
아직 글도 못 깨우친 손자

할아버지와 마주 앉아
좌우로 몸을 흔들며 천자문을 줄줄 외우고 있다
할아버지의 미간 주름을 펴줄 사람은
손주밖에 없다는 걸 몰랐다

허리 휘고 머리에 흰서리 내렸어도
가방 속엔 늘 책이 들어있고
습작한 글이 들어있는 곧은 선비
정신 곧추세워 든든한 뿌리 되어주고
그늘이 되어준 큰 나무

마음 움직이는 대로 대충 즐거이 살자 하다가도
- 뒷짐 쥐고 에헴!
오라버니 지켜보는 듯 해
오늘도 꼼짝없이
오라버니 큰 가르침 내게 복사되어
나도 글쓰기를 한다

웅 변

슬기로운 조상이 물려준 옥토
번영의 터전을 이 땅에 닦았다
땀흘려 땀흘려 열심히 열심히
더 가꿔서 빛을 내자
온누리에 우리 동촌을
　　　　　－ 작사·작곡:윤*열/노래:마을사람들

동촌 찬가가 끝나자
이윽고 행사의 꽃인 장기 자랑이 이어졌다

－ 저 건너 저 처녀 앞가슴 좀 보소
－ 호박인지 수박인지 주렁주렁했네
주민들의 박장대소를 이끌어낸
품바 무대가 끝나자 드디어
내 차례가 되었다

－ '…이땅의 평화와 무궁한 영광을 위하여
앞으로 나아가자고
이 연사!
힘차게 힘차게 소리 높여 외칩니다.'

박수 소리와 함께
무대에서 내려와 빙 둘러보니

그 자리에 어머니는 없었다
푸르르 바람 빠진 풍선이 되어
집으로 돌아오니

- 머스매도 아닌 가시내가 돼가꼬
- 온 동네 떠나가도록 어르신들 앞에서 목청을 높여
- 저 가시내가 뭐가 될라고 저런다냐 싶어
행사장을 슬쩍 빠져 나왔다고

향나무

산소에 경계삼아 심었던
웃자란 나무를 톱으로 잘랐다
톱밥이 수북하게 쌓일수록
봄소풍 갈 때 입으라며
신문지 돌돌말아 사오셨던
꽃무늬 나팔바지에
아버지 얼굴이 아른거린다

'모나지 않게 둥글게 어우러져 살아가라'는
마치 아버지의 유언처럼
나무는 둥근 나이테를 그리고 있었다

단면 여덟 개를 만들어
8남매 집에 각자 걸어두기로 했다
흑백 사진 한 장 제대로 없는 아버지와의 추억
향나무 나이테 세어 보며
고이 잠든 아버지의 시간을
헤아려보기로 했다

祭　器

명절이나 기일이 돌아오면
감나무 그늘이 드리워진 평상에서
제기를 닦았다
기왓장 으깬 가루에 물기 축여
지푸라기로 쓰윽쓱 문지르면
반들반들 윤이 났다

제기 준비를 시작으로
명주치마 두르고 정성들인 음식
제수는 간도 보지 않는 거라 하셨다
제사상을 물리기 전까지는
절대로 음식에 손을 대지 않았다

아파트 입구 목예공방을 지날 때마다
발걸음 멈추고
명주치마 두르고 쓰윽쓱 제기 닦던
어머니의 정갈한 모습을 소환한다

출근길 소묘

살이 반쯤 꺾인
깜장우산 받쳐쓴 등굽은 할머니
자라목을 하고 지팡이에 의지한 채
어디론가 바삐 움직이고 있다
땅은 연신 윗몸일으키기를 한다

- 할머니 가방이라도 들어드릴까요?
- 워디 가는 겨 새댁은?

됐고 손만 잡아 달란다
등굽은 할머니의 행선지는 은행
가방을 맡기지 않는 이유
물안개로 피어올라 살풋 볼웃음이 돌았다
그렇다 할머니 참 똑똑하시다

결혼을 하고 서울살이로 고향을 떠나올 때
- 야야 서울은 눈 뜨고 있어도 코 비이 간단다
- 항상 돌다리도 두둘기고 단대이 해래이
오늘 아침
시집올 때 긴히 들려주시던
어머니의 그 한마디 들려온다

한심한 자화상

차 한 잔으로 몸 데우고
돋보기 너머 책 속의 주인공을 만난다
뻥 뚫린 고속도로처럼 길게 늘어선 활자들 사이로
두 눈이 시운전을 한다
찻잔의 남은 감미로움이 채 가시기도 전
이 길이 논두렁인지 밭두렁인지
책속의 주인공은 사라지고
눈 비벼 다시 주인공의 행방을 찾는다
눈은 아직도 활자에 꽂혀있는데
생각은 점점 발정 난 강아지
서러운 고독 등에 업고
사랑찾아 헤매듯 줄달음치고
책속에 여러갈랫길 내 눈앞에 헛갈리고
메모리칩이 가지런하지 못한 삶의 모양새
책 속의 주인공에게 들켰다

제5부 ─────────────── 내 마음의 황금연못

내가면 고천리
눈 떠보니 종착역
빈 집
때죽나무꽃
남편과 털보숭이
할머니들의 외출
성게 미역국
엄마를 소환하다
피 망
꽃무늬 나팔바지
火中生蓮 ──'월정사' 휘호대회에서
각 서
무장애 숲길
노을이 물들기까지는
내 마음의 황금연못
가정방문
내려놓는 연습
목욕탕에서

내가면 고천리

고려사와 적석사 표지판을 지나
흙먼지 이는 농로를 들어서면
야트막한 산자락에
남동생 세컨하우스 농막이 있다
직장생활로 10여 년간 방치되었던 곳이
인생 이모작을 위한 생기있는 공간으로 거듭났다

몽골 전통 가옥 양식 게르를 옮겨놓은 듯한 목예공방
강변에 떠내려온 유목을 주워다
자르고 다듬고 쪼아
세상에 하나밖에 없는
예술 작품들로 탄생했다

드문드문 찾아오는 인연들
눈이 호사를 누리는 곳
주변엔 밤꽃 흐드러지게 피고
후박나무 잎사이로 별빛 총총히 박힌
내가면 고천리의 달밤

공방에선 뚝딱뚝딱 예술을 빚으며
풀벌레 무논의 개구리 울음소리 친구삼아
야인으로 사는 동생에게

올케가 부탁한
– 금연해라 술 삼가해라
말 대신
– 그동안 수고했다 훌륭했다
그 말만
후박나무 가지에 걸어놓고 왔다

눈 떠보니 종착역

광복 66주년을 기념한 송산학구 체육대회가
65주년을 뒤로 한 폐교에서 있었다
선후배 동문들 삼삼오오
폐교 운동장으로 모여들고
각 마을 주민들은 색색깔 단체복을 입고
태극기를 흔들며 행사장으로 입장했다
타의 모범이 된 모교 출신 표창도 있었다
1부 행사에 이어
7080 가수가 무대에 오르자
막걸리 한잔에 흥을 돋운 동문들
얼쑤덜쑤 어깨춤 댄스로
운동장은 즉석 무도회장이 되었고
키재기하며 우후죽순 올라온
정원의 풀들도 함께 덩달아 춤을 추었다

어스름 땅거미 내려앉은 저녁
순천역은 국화 분재를 전시하고 있었다
친구들은 우루루 새마을행 열차에 올랐고
빼어난 자태 국화에 빠진 나는
꼴찌로 헐레벌떡 기차에 올랐다
고 여사와 동반석이었다
상대방이 애써 바꿔준 짝짝이표는

달달한 유자 막걸리에 쩔은 고 여사 표였다
인사불성이 된 고 여사는 노래방을 운영해서인지
횡설수설 중간에 콧노래도 흘러나왔다
유자막걸리에 취한 나도 주사로 횡설수설
그만 까무룩 잠이 들어버렸다
눈 떠 보니 서울 종착역

빈 집

고향집 녹슨 철대문 열고
- 엄마 딸내미 왔어요
큰소리로 불러본다
토방 기둥못에 걸려있는
엄마표 꽃무늬 몸뻬바지 명지바람 일으키며
- 오매 내 강아지 짜잔한 엄마 보러 왔는가
달려나와 와락 반겨주는 것같다

시절을 함께 건너온 빛바랜 가재도구들
엄마와 함께 모조리 썰물처럼 빠져나가고
구멍 숭숭 뚫린 휑한 집
늙수그레한 골동품 몇 점
조붓한 사랑방에서 흑백 무성 영화를 찍고 있다

엄마 닮은 중늙은이들
가끔 찾아드는 몇몇 걸음이
흑백 무성 영화 관람객일 뿐
골다공증을 앓는 빈집은
여전히 끙끙 앓느라 신음 중이다

때죽나무꽃

수락골 계곡에 들어서면
천사들 화관에 꽂아도 예쁠 순백의 때죽나무꽃
물거울에 자태를 드러내고 있다

열매를 돌로 짓찧어 계곡물에 풀면
희끗희끗 배 드러낸 피라미
고추장 풀어 잡탕도 끓여 먹었다며

소싯적 개구쟁이 시절 이야기 설설 풀어놓던
볼우물에 웃음 가득한 최철식 영어선생님

때죽나무꽃이 잔물결에 드리워지는 초록지절이 오면
장난기 발동한 선생님의 옛날이야기
숲속 AI가 번역하여
수락골 메아리가 영어로 들리는 듯하다

남편과 털보숭이

아이들에게 한참 손이 갈 때
눈 게슴츠레 뜨고 남편이 다가오면
- 저리 좀 가요

사랑이 식었나 미워졌나
남편은 아내 눈치 보다
한 사나흘은 족히 툭시발 만하게
입이 튀어나왔다

몇 년 전 업둥이로 들어온
돌소파 상석에 드러누운 털보숭이
- 저리 가!

집사님
한마디면 그 자리에서
냉큼 일어나 한 바퀴 돌다
살그머니 옆으로 와
꼬리 살래살래 재롱을 떤다

털보숭이 고양이가 먼저
사랑받는 법 터득했다

할머니들의 외출

냉이꽃 개불알꽃이
지천에 피어있는 한강변
친구 셋이 롯데타워를 바라보며
다리 꼬고 벤치에 앉았다
진한 커피 향처럼 향기 나는 세 여인
셀카를 찍다가
지나가는 길손에게
사진도 한 장 부탁했다

65주년을 뒤로하고
역사 속으로 사라진
송산초등학교를 셋은 졸업했다
방학이면 주전자 들고 갯벌에
발 빨간 꼭기 잡으러 다니고
멀덕국에 밥 말아먹었던
시골뜨기 마을친구들

사진 속 목주름에 드리워진 입체감
세월에 밀려난
이 세상 가장 고왔던 친정엄마 모습을
서로의 얼굴에서 찾는다

성게 미역국

제주 공항을 유유히 벗어나
서귀포 강정마을로 향했다

성게 미역국을 먹어볼까
보말 칼국수를 먹어볼까
차창 밖을 내다보며 환호하던
일행들 의견 분분하다
성게 미역국으로 모아졌다

머얼건 미역국 성게 세 점
넓은 바다에 통통배 세 척
떠 있는 것같아 웃음이 절로 났다
후루룩 맛있게 먹는데
- 성게알이 안 보인다
- 국물이 짜다
초등 가시내들 입 열 개가
이러쿵저러쿵 8번 식탁이 요란하다

- 밥 좀 묵자
- 남이 차려준 밥상은 다 맛있다
- 이카고 먹으면 나처럼 다 살로 간대이
그러자 홀쭉이가 웃었다

조용히 국 한 그릇씩 다 비웠다

둘째 날 아침에도 성게 미역국을 주문했다
이번에는 외로운 배 한 척 떠 있다
그냥 웃기로 했다
짜면 물 붓고 싱거우면
통통한 제주 고사리나물 리필하고
돌 바람 여자 맛이 안 밴 성게국일지라도
너털웃음 양념으로 버무리면 되니까

엄마를 소환하다

고무 대야에 빨랫감 욱여넣고
엄마는 돌서더릿길로 빨랫방망이 들고
종종이며 빨래터로 향했다
그 사이 안방 두지에 저장해놓은 고구마
가마솥에 넣고 찌며
부지깽이 장단 맞춰 노래도 불렀다

뜨거운 김 호호 불며
시원한 동치미 한 사발에 배를 불릴 쯤
엄마 발자국소리가 들렸다
급히 영어책을 들고
꼬부랑꼬부랑 글 읽는 소리를 냈다

피리둥둥 꽁꽁 언 손 아랫목에 넣으며
- 짜잔한 에미 만나
- 느그들 참고서도 못 사 본다
넋두리하시던

고단함에 까무룩 잠드는 시간 외엔
한시도 손발 쉼표 없이 종종이던
우리 집 전천후 문제 해결사 맥가이버
어머니 생각으로 이 밤 뒤척인다

피 망

먹다 버린 씨앗 몇 톨
빈 화분에 꽂아두고 기다렸다
시간이 얼마나 흘렀을까
하나둘 손잡고 초록이들이 무리지어 올라왔다
너무 가까우면 싸우게 될까
살짝 흙더미를 밀어 서로 거리를 두었다

제법 튼실하게 올라오더니
지나친 내 간섭 싫었을까
한두 그루는 신경질을 잔뜩 부리다
그만 주저앉아버렸다
남은 몇 그루
지지대를 만들어 묶어주었다
가지마다 흰 꽃 앞다투어 피고
벌 나비도 아닌 내가 가슴 설렌다

붓으로 살짝 인공 수정하다
여린 꽃 두어 개 떨어져버렸다
제라늄 옆에 옮겨놓으며
— 이 아이도 꽃이란다
— 사이좋게 지내렴

며칠 사이에 그 작은 꽃들이
소곤소곤 쑥덕쑥덕 열 일을 하고 있었다
삐죽삐죽 피망이 제 살을 드러내고
고추도 아닌 것들이 가슴 부풀리며
고추 흉내를 내고 있다

꽃무늬 나팔바지

초등학교 3학년 때 마을 근처 목섬으로
봄소풍을 갔다

소풍 갈 때 입으라며
신문지 돌돌말아 사오신 꽃무늬 나팔바지
여동생이 먼저 입고 나설까봐
머리맡에 두고 만지작거리며 뜬눈으로 밤을 꼬박 샜다

맛있는 도시락을 까먹고
보물찾기 장기 자랑이 이어졌다
전교생이 보는 앞에서

- 저 푸른 초원 위에 그림 같은 집을 짓고
나팔바지에 개다리춤 추며 남진 노래를 불렀다

- 야들아! 이거 우리 아버지가 사오셨거덩
음정 박자 다 놓치며 흔들어댔다

5원짜리 연필을 상품으로 받았다

아버지 사랑이 수놓아진 꽃무늬 나팔바지
나는 그 아버지 사랑을
무릎이 닳고 헤지도록 입었다

火中生蓮
── '월정사' 휘호대회에서

강원도 오대산 법당 댓돌엔
발 빠져나간 신발들 즐비하다

법당 안 중생들
흰 화선지를 앞에 두고

연꽃대 밀어올리듯
세속에 물든 가슴에서
꽃대 하나 피워올리는데
드르륵 휴대전화가 울린다

통장에서 큰돈이 인출되었다 검찰청이다
바르르 휘청이는 난 꽃대

마음 한자리에 가지런히 앉지 못하고
한참을 서성인 다음에서야
다시 바위틈에 난을 치고
태점을 찍는다

시끄러운 마음 불속에서
꽃 한 송이 겨우 피워낸다

각 서

긴 세월 끌고다닌
먼지 켜켜이 내려앉은
너덜너덜 낡고 헤진 것들이
가보인 양 서랍 속에 들어있다

땅문서 집문서도 아닌
서로를 몰라 생채기 내다
취중에 혈서처럼 써내려간
애증의 그림자 서려 있는
오래된 각서

측은지심이 뿌리발이를 하고
생의 반 바퀴 획 지나서야
풋풋한 생이 노을되어 가는 즈음에서야
서로 곁을 내어주고 곁불을 쬐어주는
누렇게 빛바랜 각서 한 장

무장애 숲길

수락산 둘레길 가로지르면
솔부엉이 딱따구리 동박새
고저장단 화음에 귀가 즐겁다

맨발로도 걸을 수 있는 무장애 숲길
낮은 산허리 숨 고르며 걷는 일
산은 산이로되 비웃을 이 있을손가

산허리에 있는 여자바위 기운 받으며
노원의 명산 둘레길 가로지르며
오래도록 수락산 연가 읊으리라

노을이 물들기까지는

서산에 노을이 물들기까지는
나는 아직 나의 생을 직조할 테요
직조하다 코 빠트리면
주섬주섬 주워 담아 다시 직조할 테요

철삿줄로 옭아맨 분재처럼
버거운 생 남은 옹이 인생 훈장이려니
달콤한 웃음 짜디짠 눈물
색색깔 무늬 넣어 직조할 테요

비바람 섞어 친 날에도
촘촘히 생을 직조할 테요
서산에 노을이 물들기까지는

내 마음의 황금연못

퇴직금이 중간 정산되어 나왔다
5천만 원씩 세 사람 이름으로 예금을 했다
예금이 만기되는 날 신바람으로 은행에 달려갔다
남편 명의로 된 통장은 빈깡통이 되어
끄극끄극 쉰소리를 내고 있었다

무작정 외곽으로 차를 몰았다
좋은 땅이 나왔다며 입에 침버캐가 생기도록
중개인은 열띤 브리핑을 했다
훗날 전원주택 용도로 좋겠다는 생각에
갈등도 없이 구두 계약을 하고 돌아섰다

이차저차 땅 매입 건으로 조언을 얻고자
동생에게 전화를 했다
주변에 묘지도 있고 땅 주인이 둘이어서
측량도 해야 되는 복잡한 땅이라며
누나 혼자 결정한 거냐 물었다
그렇다
통장 증발 사건 이후로 남편은
묵비권으로 모든 결정권을 내게 넘겨버렸다

1층 살림 2층 서가

정원의 드리워진 버들잎 사이로
크고작은 비단잉어가 물주름 만들고
한가로이 노니는 황금연못을 그렸다

그렇게 폼나게 그렸던 내 마음의 황금연못
하룻만에 백지화로 끝났다

가정 방문

황토흙 진하게 묻은
아부지 흰 고무신
맨들맨들한 돌팍 주워다
빡빡 문질러
토방에 가지런히 놓아두고
채 마르지 않은 머리
8대 2 가르마 타고 빗질
마루 끝에 앉아
엄마한테 칭찬받을 생각으로
뿌듯하게 앉아있는데

언니 담임선생님께서 우리 집에
가정 방문을 오셨다
열로아서* 언능 방문 열고 들어가
엄마와 언니 담임선생님
그 뻘쭘하고 어색한 분위기
쑥스러운 언어를 읽느라
숨죽이고 문틈으로 내다보고 있었다

머리에 두른 수건으로 땀을 닦으며

- 오마오마 성상님!

- 이 누추한 데를 다 오셨다요!
- 오마 째까이 거시기 헌디
- 어찌까요이 잔 앉으씨시요이

잽싸게 물레를 훅 훔치는 엄마
발음도 샜다

- 아가 혜정아 어디 갔다냐아
- 아이마다
- 정제 들어가서 미숫가리 한 잔
사카린 넣어 잘 저어가꼬 내온나이
- 성상님 대접해 드려야제
- 가만 있자 거시기 달구새끼가 오늘 아침 알을 낳았다냐
가봐야 쓰것다

*열로아서 : 부끄러워서. 고향 사투리.

내려놓는 연습

부모라는 허울 좋은 이름표를 달고
희망 고문으로 키웠던 아이들

늘 불완전 연소로 그을음만 내며
미래를 운운했던 부모 사랑법에

미래가 중요하지만 현재도 중요하다며
따박따박 말대꾸하던

부모보다 더 생각이 깊어진 아이들
이제 이 아이들 세상 가운데 내어놓자

붉은 해 솟을 때도 눈비 섞어친 날에도
정서적 물리적 거리 두는 연습을 하자

목욕탕에서

엄마를 모시고 목욕탕에 갔다
- 딸이라도 부끄러운디 어짜까

까끄러운 이태리타올로 눈물을 훔쳤다

구들더께로 남을까
전전긍긍하는 엄마도
한때는 마늘각시였을 텐데

재선충으로 쓰러진
푸석거린 나무등걸같은 몸은
사람의 몸이 아니다

그 언젠가
에티오피아 난민을 슬프게 봤던 내 눈이
지금 내 육친으로부터
에티오피아 난민을 발견한다

〈시집 해설〉

사물과 사건에 투영된 순정하고 진솔한 서정의 세계
—— 배덕정 첫시집 『수락골의 달』

공 광 규
〈시 인〉

<시집 해설>

사물과 사건에 투영된 순정하고 진솔한 서정의 세계
―― 배덕정 첫시집 『수락골의 달』

공 광 규

1.

유명 서화가이기도 한 배덕정 시인은 지난 2020년 수필집 『붓질 20년』을 출간한 바 있다. 그리고 2024년 계간 '自由文學'으로 2회 추천 완료되어 시인으로 登林했다. 그의 추천인은 한국문인협회 이사장을 역임한 바 있는 申世薰 시인이다. 그러니 시집 『수락골의 달』은 배덕정 시인의 첫 시집이 된다.

시인은 '시인의 말'에서 지난날 긴 시간을 세파에 "수없이 부서지는 파도와 맞서" 사바세계 "한가운데 홀로 둥둥/ 응결의 몸부림으로/ 고립을 키워왔"다고 고백한다. 그리고 고립을 극복하기 위한 노력의 산물인 시집을 "무채색의 습습한 결과물"로 자위하기도 한다. 그리고 이 시집이 다음 시집의 시작임을 '단추 끼우기'를 통해 스스로 격려하고 예견한다.

사물과 사건에 투영된 시인의 순정하고 진솔한 심리를 투사한 시집의 시편들을 일별하면서 자연 사물을 묘사한 시와 인공 사물을 묘사한 시, 그리고 고향과 인물의 사건과 사물을 진술한 시로 크게 갈래를 쳐 보았다. 이들 자연과 인공 사물, 그리고 유년의 심리와 정서가 각인된 고향과 가족이 등장하는 시를 살펴보았다.

2.

　自然事物이란 인간의 의도적 개입 없이 저절로 생성하고 발전하는 모든 존재와 현상, 그리고 그들이 이루는 환경을 의미한다. 넓은 의미로는 인간을 포함한 생명체와 자연계 전체를 포괄하며, 좁은 의미로는 인간의 손길이 닿지 않은 산·강·바다·동식물 등 자연적인 대상과 그 환경을 지칭한다.

　'자연'은 '스스로 그러함'이라는 의미를 내포하며, 인간의 영향을 받지 않은 본래의 모습이나 사물의 본질, 혹은 '자연의 법칙'이나 '순리'를 따르는 질서 등 다양한 의미로도 사용된다. 지금까지 인류가 쓴 시들 가운데 자연 사물을 묘사한 시들이 가장 많을 것이다.

　배덕정의 시에서도 자연 사물을 묘사한 시들이 가장 많이 나타난다. 이를테면 시집 초반의「그대 내게 청춘을 물어온다면」을 비롯해「산밤」「쇠솔새」「불암산 연가」를 비롯해「그해 여름」「살구꽃 담장을 허물다」「담쟁이」「자라섬」「예산 용궁리 백송」「조롱박」「닮았다」「팔영산」「난산」「행운목」「흑염소」「늙은 나무의 하루」「소나무」「자귀나무꽃」「수락골의 달」「홍어」「하얀 목련」「진달래」「풍경」「나비 한 마리」「피망」등 상당수가 된다.

　자연 사물 제재를 시로 쓴 시들은 대개 우리가 시문학사에서 학습해온 鳥獸草木, 즉 날짐승과 길짐승, 풀과 나무를 비롯해 해와 달, 산천을 읊은 시들이 그것이다. 우리 선조들이 많이 시로 썼던 아름다운 자연의 경치를 시로 노래하며 즐기는 吟風弄月의 시들이 여기에 해당한다.

　조수초목을 읊거나 음풍농월을 제재로 한 시들은 꼭 그렇지는 않지만 생활 일상이나 현실과 떨어져 있다는 비판을 받기도 했다. 그러나 배덕정의 시들은 이런 자연 사물을 통해 자신의 기억과 현재를 재구성하거나 비유하면서 관념을 극복하고 있다. 자연 사물을 통해 자신의 과거와 심리적 상흔 등 심정을 진술한 대표적인 시는 아마 시집 속의 첫 시「그대 내게 청춘을 물어온다면」같은 경우다.

내 생의 푸르른 날
좌편향 우편향도 아닌데

최루탄에 눈물 콧물로 방향 잃고
보지 말았어야 할
피비린내 나는 현장을 목도했다

태극기 뒤덮인
슬픈 죽음들과 맞닥뜨려야 했던
5·18 민주항쟁
내 청춘의 한 마디가 잘려나갔다고

─「그대 내게 청춘을 물어온다면」 부분

이 시는 둘레길에서 만난 자연 사물인 갈참나무에서 시작한다. 길을 침범하지 않아 톱날을 비껴간 갈참나무를 통해 "좌편향 우편향이었으면/ 목숨줄이 위태"해 분명히 톱날에 잘려 나갔을 것이라고 한다. 시인은 자연 사물인 갈참나무와 폭력의 상징인 톱날의 대립을 통해 정치적 편향성이 없었던 자신이 과거 청춘기에 목격한 5·18 광주의 정치적 폭력을 상기한다.

이 갈참나무도 "좌편향 우편향이었으면" 길을 내는데 잘려나가게 되는 "목숨줄 위태했을 생"인데 그렇지 않아 나무는 "상생의 길을 열어놨다"는 것이다. 이렇게 자연 사물을 단순한 조수초목이나 음풍농월의 차원에 머물지 않고 과거의 기억과 상흔, 현실 삶을 투영하는 시들이 배덕정 시의 특징이라 할 수 있다.

지상의 불이 하나둘 꺼지자
둥근 달이 방시레 웃으며 나타났다
기린목 되어 올려다본
저 수락골의 달

100년만의 가장 선명하다는
달의 움직임을 봤다

모두가 잠든 시간
잠 못 들고 올려다본   <

달이 서서히 하강한다
달도 차면 기울고
붉은 혈이 멈춘
내 시간도 기운다

─「수락골의 달」 전문

 시집의 표제작인 이 시는 2024년 제134회 '自由文學'시부 2회 추천 완료 작품이기도 하다. 수락골은 시인이 거주하고 있는 아파트에서 항상 볼 수 있는 산으로 추정된다. 그리고 달은 아마도 옛시인들이 가장 많이 쓴 자연 사물 가운데 하나일 것이다. 천기의 이벤트인 1백 년만에 가장 밝은 달이 이 시를 쓴 계기가 되었을지도 모른다.

 화자는 모두가 잠든 밤시간에 자연 사물인 달을 유심히 관찰하다가 달의 현상을 자신에게 가져와 내면화한다. 하강하는 달과 늙어가는 인생의 생물학적 시간, 차고 기우는 달의 현상과 인생의 성장과 후퇴 등을 통해 "붉은 혈이 멈춘/ 내 시간도 기운다"고 고백한다.

 시인의 생활 근거리에 있는 수락산은 시에 여러 번 언급되는 주요 제재다. 세세 천년 시인이 거주하고 있는 도시를 4계절 품고 있는 수락산은 "큰 어르신들"이 갖가지 형상으로 모여있는 곳이며(「드론으로 본 바위」), 무장애 숲길에서 "솔부엉이 딱따구리 동박새/ 고저장단 화음에 귀가 즐거"게 듣는 곳(「무장애 숲길」)이다.

 시「산밤」에서는 선의의 "하얀 거짓말"을, 「쇠솔새」에서는 나무 위 새집에서 보도블록에 떨어진 새 새끼를 걱정하는 측은지심을, 2회 추천 완료 작품 가운데 하나인 「살구꽃, 담장을 허물다」에서는 봄날 허리굽은 살구나무가 담장을 허물고 골목에 나와 동네 사람들에게 환하게 인사를 한다고 자연 사물을 의인화한다.

3.

 人工事物 역시 대대로 많은 시인들의 묘사 대상이었다. 배덕정 시인도 그 가운데 하나다. 인공 사물은 인간의 의도와 목적에 따라 만들어지거나 변형된 모

든 것을 의미한다. 자연적으로 존재하는 사물(자연물)과 구분되는 개념으로 철학·고고학·과학 등 다양한 분야에서 사용된다.

　인공 사물은 자연 발생적으로 존재하는 것이 아니다. 특정한 목적을 달성하기 위해 인간이 계획하고 제작한 것인데, 예를 들면 도구·예술 작품·건축물 등이 이에 속한다. 이들은 모두 인간이 재료를 가공하고 변형하는 과정을 거쳐 탄생한다는 것이 특징이다. 이런 인공 사물은 사회적, 역사적, 문화적 의미와 기능을 지니게 된다.

　배덕정 시에서 인공 사물을을 통해 자신의 심사를 묘사한 시들 역시 많다. 이를테면 「애장품」「기마인물형 토기」「우표」「손지갑」「꽃무늬 나팔바지」「제기」「풍경」「파전을 부치다」「무전 여행」「욕심」「외짝 귀걸이」등등 상당 수다. 그 가운데 시「애장품」은 일상에서 가장 많은 부분 시간을 투여하는 서화와 관련된 시다.

　　고사 직전에 있는 매화나무 밑둥을
　　공부채에 몽당붓으로 그렸다

　　새끼손가락 지문으로 연지 찍어
　　매화나뭇가지에 봄꽃이 군데군데 피었다
　　마시다 만 진한 커피에 붓을 담가
　　매화나무 밑둥에 칠하고
　　그 위에 골 깊은 세월을 얹는다

　　근사한 부채 한 점 완성됐다

　　카드 지갑 다음으로 열심히 챙겨들고다니는
　　세필붓과 몽당붓
　　차를 마시다가도
　　틈만 나면 종이컵과 냅킨에 붓질을 한다

　　누군가 약속 시간 늦어져도

군말 없이 붓을 꺼내어 소소한 재미를 찾는
몽당붓과 세필붓은
시간과 잘 노는 나의 애장품

－「애장품」 전문

    위 시 역시 '自由文學' 신인상 시부 2회 추천 완료작 가운데 한 편이다. 고사 직전의 매화나무 둥치와 오랜 시간 많이 사용해서 닳아진 몽당붓은 정서상 어딘가 모르게 잘 맞는 궁합으로 보인다. 오래되었다는 것과 쓸모가 많이 남지 않았다는 공통점 때문일 것이다. 서화 역시 대상과 대상을 묘사하는 도구인 붓이 조합이 잘 맞을 때 미학적 효과를 배가시킬 것이다.
    화자는 그림이나 글씨가 비어있는 부채에 고사 직전의 매화나무 둥치를 몽당붓으로 그린다. 서화에 능숙한 화자는 새끼손가락으로 연지를 찍어 꽃을 형상하거나 진한 커피로 색칠하고 "골 깊은 세월"을 표현하기도 한다. 이런 화자의 애장품은 항상 휴대하는 세필붓과 몽당붓이다. 화자는 이 애장품으로 공간과 재료의 한계를 넘어서 찻집이나 약속을 기다리는 틈틈이 그림을 그린다.

그 후로 미아리고개 사랑방 어르신들과
허구한 날 동양화 공부를 하다
아내의 지청구에 늘 어깨가 처져있던 아저씨
지금쯤 어드메서
기마인물형 토기
저 말 탄 기상처럼 어깨 펴고 살고 계실까

－「기마인물형 토기」 부분

한밤중
낡고 오래된
나처럼 늙은 냉장고
주인 닮아
밤새 시끄럽다

－「욕심」 부분

시 「기마인물형 토기」는 35년 전 경주에서 신라 토기 재현점을 했던 주인집 아저씨로부터 받은 인공 사물인 경주 금령총에서 출토된 삼국시대 기마인물형 토기에서 시작한다. 화자는 이 토기를 장식장에 꺼내놓지 않고 벽장 속에 넣어 두었다가 이사를 다니는 과정에서 귀퉁이가 떨어져나간 사실과 토기를 준 인물을 상기하고 있다. 화자에게 토기를 준 아저씨는 사업을 접은 뒤 허구한 날 화투를 치고, 아내의 지청구를 먹는 인물이다. 아무튼 화자는 토기로 인해 기억나는 이 인물이 어떻게 살고 있는지 궁금해 한다.

비유는 유사성의 원리다. 시 「욕심」은 낡고 오래된 냉장고와 늙은 화자 자신을 대응시킨다. 낡은 냉장고가 한밤중에 시끄럽게 소리를 내는 것은 화자처럼 늙은 주인을 닮아서 그렇다는 것이다. 화자는 시의 말미에서 "냉장고도 나도 식탐으로 소화불량"이라며, 냉장고와 자신을 등치시킨다.

4.

배덕정의 시에는 고향과 많은 인물이 등장한다. 특히 시인에게 고향은 단순한 출생지가 아닌, 정체성의 뿌리를 찾고 정신적인 안정을 얻는 상징적인 공간이다. 그리고 고향은 때로는 잃어버린 것에 대한 그리움과 탐구의 대상이 되기도 하며 나아가 향토 의식과 가족애를 형성하는 근원적인 의미를 갖는다.

올망졸망 8남매
한여름 하지감자 달려나오듯
줄줄이 자식들 데불고
고향집에 하나둘 모여들었다
―「3대가 모이는 날」 부분

광복 66주년을 기념한 송산학구 체육대회가
65주년을 뒤로 한 폐교에서 있었다
선후배 동문들 삼삼오오
―「눈 떠보니 종착역」 부분

시인이 고향을 직접 언급하거나 간접적으로 제시하는 시들 가운데 「때죽나무꽃」에는 고향의 시골 중학교 최철식 영어 선생님이, 「할머니들의 외출」에는 65세인 송산초등학교 졸업생 셋, 「눈 떠보니 종착역」에는 고향의 초등학교 선후배 동문, 「빈집」에는 고향의 비어있는 집을 방문해서 떠올린 엄마가 등장한다.

  시에 등장하는 인물은 주로 시적 화자를 의미하며, 시 속에서 시인의 생각이나 정서를 대변하고 시의 주제를 전달하는 역할을 한다. 이 인물은 시인 자신일 수도 있고, 시인이 창조한 허구적 인물일 수도 있으며, 작품의 통일성을 유지하고 상황에 대한 시인의 관념을 극대화하는 데 기여한다. 배덕정 시에 가장 빈번하게 등장하는 인물은 엄마 또는 어머니다.

  장닭 홰치는 소리 들으며
  엄마는 꽃무늬 몸빼바지에 호밋자루 들고
  밭에 나가 이슬 털어 북감재 밭을 맨다
  엄마의 작은 체구 보일 듯 말 듯

  시간 버느라
  종일 하늘도 올려다볼 줄 모르시던
  이승을 등지고서야 비로소
  꽃무늬 몸빼바지 벗어놓고
  분신 같던 호밋자루 내려놓으셨다

  회관에 모여든 마을 사람들
  하얀 손 흔들어 마지막 인사 주고받으며
  녹음 짙은 5월에
  문중 산으로 가시던 날

  마루끝 기둥못에 걸쳐놓은
  엄마 꽃무늬 몸빼바지에
  호랑나비 한 마리 너울너울

                                              -「나비 한 마리」 전문

이 시 역시 '自由文學' 신인상 추천작 가운데 하나다. 몸뻬바지를 통해 엄마를 환기한다. 몸뻬바지의 어원은 일본어 몬페(もんぺ)로 알려졌다. 대일 항쟁기 일본에서 보급된 여성 노동복 바지. 원래는 밭일이나 겨울 나들이 때 입는 일본의 여성용 작업복이었으나, 제2차 세계 대전 당시 일본의 전시 정책에 따라 일본 전역과 조선의 여성들에게 강제로 보급되면서 한국에서도 널리 사용되었다.

작은 체구의 엄마가 장닭이 우는 새벽녘에 일어나 꽃무늬 몸뻬바지를 입고 호미 들고 "북감재 밭을 매"던 노동과 희생을 떠올리는 시다. 하늘을 쳐다볼 시간도 없이 일만 하다 돌아가신 엄마는 "이승을 등지고서야 비로소" 노동을 마감하고 "꽃무늬 몸뻬바지 벗어놓고" 호밋자루를 놓았다.

엄마가 문중 산으로 가던 날 "마루끝 기둥못에 걸쳐놓은" 꽃무늬 몸뻬바지에 엄마의 혼인 듯 "호랑나비 한 마리"가 와서 너울거린다는 상상이 곤충 환생담을 떠올리게 한다. 급격한 산업화와 도시화, 그리고 인구의 고령화로 농촌의 집들은 많이 비어있다. 엄마가 돌아가신 한참 후 시인은 고향 빈집을 방문한다.

> 고향집 녹슨 철대문 열고
> – 엄마 딸내미 왔어요
> 큰소리로 불러본다
> 토방 기둥못에 걸려있는
> 엄마표 꽃무늬 몸뻬바지 명지바람 일으키며
> – 오매 내 강아지 짜잔한 엄마 보러 왔는가
> 달려나와 와락 반겨주는 것 같다
>
> —「빈집」 부분

긴 시간 사람이 살지 않아 고향집 철대문은 녹이 슬어있다. "골다공증을 앓는 빈집" 가재도구는 세월에 빛이 바랬고, "구멍이 숭숭 뚫려 휑"하다. "늙수그레한 골동품 몇 점"만이 좁은 사랑방에서 흑백 무성 영화를 찍고 있는 듯하다. 화자는 빈집에 들어서며 이미 돌아가셔서 없는 엄마를 부른다. 엄마가 살아생

전 입던 꽃무늬 몸빼바지는 여전히 토방 기둥에 걸려있어 바람에 흔들리고 있다. 화자는 엄마가 살아있는 듯 달려나와 반기던 기억을 환기해 낸다.

이밖에 인물이 등장하는 시「각서」와「남편과 털보숭이」「할미가 맞는데」에는 남편이,「아버지의 해당화」에서는 해당화를 심어놓은 아버지를,「출근길 소묘」는 길거리에서 만난 할머니와 자신의 어머니를,「뿌리깊은 나무」는 글을 쓸 때마다 정좌하고 마음을 가다듬어 붓을 드는 오라버니를,「만무방길의 질경이」에서는 길에서 만난 질경이에서 어머니를 그리워한다. 시「내려놓는 연습」에서는 "부모보다 더 생각이 깊어진 아이들"을 마음에서 내려놓는 내용이다.

5.

지금까지 사물과 사건에 투영된 배덕정 시인의 순정하고 진솔한 서정의 세계를 자연 사물과 인공 사물, 그리고 고향과 인물을 중심으로 살펴보았다. 자연 사물은 시에서 가장 많은 시적 대상물로 사용된다. 시인은 현재 거주하고 있는 도시지역의 산과 들, 그리고 고향의 산천, 여행지 등에서 경험한 조수초목을 통해 자신의 경험과 사유를 투사하고 있다.

또 시인은 상당수의 인공 사물을 시의 제재로 활용하는데, 생활 일상 주변의 사물을 통해 자신의 과거를 환기하거나 현재 상황을 진술하기도 한다. 그리고 유소년기에 농경사회를 경험한 시골 출신 시인답게 자신과 가까운 가족이나 동창, 인물은 물론, 도시생활을 하면서 만난 인물과 사건을 형상하고 있다.

배덕정은 시「노을이 물들기까지는」에서 시인 김영랑의 어투로 "서산에 노을이 물들기까지는/ 나는 아직 나의 생을 직조하겠어요"라고 한다. 인생은 시간이라는 날실에 "달콤한 웃음 짜디짠 눈물"의 씨실로 짠 한 장의 옷감일지도 모른다. 이 시집은 배덕정 시인의 인생을 직조해나가는 아름다운 씨실 가운데 하나임에 틀림없다.

배 덕 정 — 약력

- 2011. '自由文學' 수필부 등림
- 2014.~2015. (사)한국편지가족 서울지회장
- 2020. 수필집 『붓질 20년』
- 2020. 노원문학상 수상
- 2020.~2024. (사)한국문인협회 노원지부장
- 2020.~2024. (사)한국문인협회 서울지회 이사
- 2024. 노원예술인상 수상
- 2024. '自由文學' 시부 등림
- 2025. 첫시집 『수락골의 달』

- 한국서가협회 초대작가·이사·심사위원 역임
- 전라남도 미술대전 및 월간서예대전 초대작가
- 단원미술대전 대상 등 초대작가
- 대한민국 서예전람회·현대서예 공모대전 운영위원
- 2025.~현재. 노원서예협회 회장
- 전자 우편 · degg@hanmail.net

天山 詩選 148

4358('25). 10. 27. 박음
4358('25). 10. 31. 펴냄

배 덕 정 첫시집

수락골의 달

지은이 배　덕　정
펴낸이 申　世　薰
잡은이 신　새　별
판본이 辛　宙　源
펴낸곳 도서출판 天 山

04623.서울시 중구 서애로 27(필동 3가). 서울 캐피탈빌딩 302호 '自由文學 출판부
등록 1991.10.31. 제1-1269호

전자 우편 · freelit@hanmail.net

ISBN 979-11-92198-21-7 03810

☎02-745-0405　(F)02-764-8905

*잘못된 책은 바꿔드립니다.

값 15,000원